Heinrich Kühne

Lutherstadt Wittenberg
auf historischen Ansichtskarten

Drei Kastanien Verlag

*Autor und Verlag
danken Herrn Roland Lieder
für die Bereitstellung
der Ansichtskarten*

ISBN 3-9804492-3-8

© 1996 by DREI KASTANIEN VERLAG
2. Auflage 1998
Alle Rechte vorbehalten

DREI KASTANIEN VERLAG
Breitscheidstraße 17
06886 Lutherstadt Wittenberg

Postkarten: Ansichtskartenarchiv Roland Lieder
Fleischerstraße 3
06886 Lutherstadt Wittenberg

Gedruckt in der Elbe Druckerei Wittenberg GmbH

Printed in Germany

Ein Gruß aus Wittenberg

Neben dem Sammeln von Briefmarken ist seit längerer Zeit das Sammeln von Ansichtskarten üblich. Die überwältigende Fülle des Materials führte in den letzten Jahren zur Spezialisierung der Sammelgebiete. Man sammelte eben nicht mehr alles, sondern beschränkte sich auf eine Gruppe von Ansichtskarten, bevorzugt waren solche Karten aus dem Heimatgebiet des Sammlers. Auch die hier veröffentlichten Ansichtskarten sind Teil eines solchen. Es zeigte sich, daß dabei die Auswahl eingeengt werden mußte. Vorweg sei gesagt, daß hierbei absichtlich die markanten Gebäude der historischen Altstadt von Wittenberg nicht den Hauptanteil bilden, es kommen mehr Straßendurchblicke zur Darstellung.

Gerade alte Wittenberger werden daran interessiert sein, denn Jugenderinnerungen werden geweckt. Aber auch junge Menschen werden sich daran erfreuen und alte Straßenzüge mit den heutigen vergleichen. Ständig erfolgen Abrisse von Bauten, Veränderungen der Vorderfronten der Häuser und andere Baumaßnahmen. Sie verändern das Stadtbild. Dabei sollten wir nicht in Nostalgie verfallen, selbst wenn mancher Abriß unverständlich erscheint. Wer jahrzehntelang in den dumpfen Wohnungen der Seitengebäude der Altstadt wohnen mußte, wo die Hausfrauen bei strenger Kälte in der einzigen Waschküche, die für 16 Familien vorhanden war, am gerillten Waschbrett „schrubben" und die Wringmaschine bedienen mußten, wo zwei Wassereimer mit Röhrbrunneninhalt mehrere Stockwerke hoch getragen werden mußten, kann ein Lied davon singen, wie schwer das Leben früher für viele Wittenberger war.

Sicher sind die alten Ansichtskarten, versehen mit Texten und zum Teil mit Jugenderinnerungen des Verfassers, geeignet, den Weg in viele Familien zu finden als ein Gruß vom alten Wittenberg.

Ihr

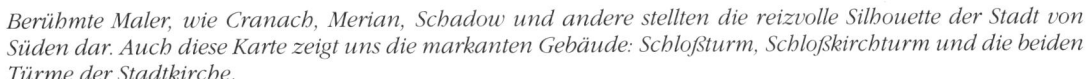

Lutherstadt Wittenberg. Blick a. d. Stadt.

Berühmte Maler, wie Cranach, Merian, Schadow und andere stellten die reizvolle Silhouette der Stadt von Süden dar. Auch diese Karte zeigt uns die markanten Gebäude: Schloßturm, Schloßkirchturm und die beiden Türme der Stadtkirche.

WITTENBERG
Das Elstertor vor 50 Jahren

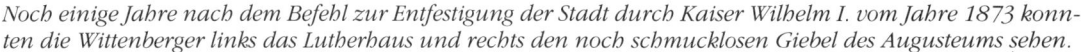
Noch einige Jahre nach dem Befehl zur Entfestigung der Stadt durch Kaiser Wilhelm I. vom Jahre 1873 konnten die Wittenberger links das Lutherhaus und rechts den noch schmucklosen Giebel des Augusteums sehen.

Wittenberg — Lutherhaus

Nach der Umgestaltung der Fassade des Lutherhauses durch den Berliner Baumeister Stüler im vorigen Jahrhundert hatte das Haus, in dem das größte reformationsgeschichtliche Museum der Welt untergebracht ist, dieses Aussehen. Die Turmhaube wurde später wieder verändert.

Der Besucher der Stadt, der vom Bahnhof kam, hatte 1910 diesen Blick in die Collegienstraße und Mittelstraße. Noch um 1860 stand rechts als Abschluß das Elternhaus des Tischlers Stuckhardt am jetzigen Eingang zur Mittelstraße.

Gäste der zahlreichen Gastwirtschaften in der Mittelstraße waren zur Wittenberger Garnisonzeit die Soldaten der Fridericianum-Kaserne. Das bis in unsere Zeit hier stehende Fachwerkhaus, das Hotel „Zum deutschen Adler", ist inzwischen abgerissen.

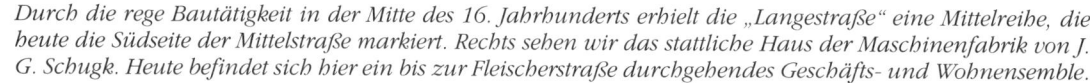

Durch die rege Bautätigkeit in der Mitte des 16. Jahrhunderts erhielt die „Langestraße" eine Mittelreihe, die heute die Südseite der Mittelstraße markiert. Rechts sehen wir das stattliche Haus der Maschinenfabrik von J. G. Schugk. Heute befindet sich hier ein bis zur Fleischerstraße durchgehendes Geschäfts- und Wohnensemble.

Wittenberg. Mittelstraße

Die beiden Stadtkirchtürme schließen das Bild nach hinten ab, während rechts im Vordergrund das Haus des verdienstvollen Stadtrats Paul Friedrich zu sehen ist, der hier – wie das „Maggi-Schild" erzählt – noch einen Lebensmittelhandel betrieb, doch schon die Aufschrift „Cement Kalk-Lager" weist darauf hin, daß er sich später ganz auf den Verkauf von Baumaterialien legte. Das Nachbargebäude hatte damals wie auch heute eine Gastwirtschaft. Wie in alten Zeiten hängt ein Messingbecken als Werbeschild des hier etablierten Friseurmeisters.

Wittenberg — Collegien-Straße

Vom Markt aus sehen wir rechts das Hotel „Goldener Adler" und im Hintergrund das sagenumwobene „Hamlethaus", in dem sich heute eine Bank befindet.

WITTENBERG.
Jüdenstraße mit Schloßkirche.

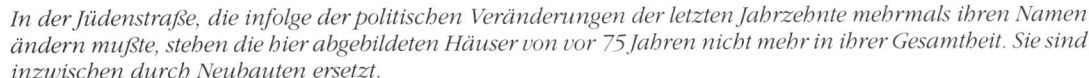

In der Jüdenstraße, die infolge der politischen Veränderungen der letzten Jahrzehnte mehrmals ihren Namen ändern mußte, stehen die hier abgebildeten Häuser von vor 75 Jahren nicht mehr in ihrer Gesamtheit. Sie sind inzwischen durch Neubauten ersetzt.

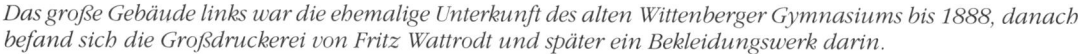

Das große Gebäude links war die ehemalige Unterkunft des alten Wittenberger Gymnasiums bis 1888, danach befand sich die Großdruckerei von Fritz Wattrodt und später ein Bekleidungswerk darin.

Wittenberg — Markt und Coswigerstrasse

Das hohe Eckhaus am Markt/Coswiger Straße gehörte damals dem Geschäftsmann Paul Leonhardt, der hierin einen Kurzwarenhandel betrieb. In seiner Freizeit und als Rentner widmete er sich der Ausgestaltung und der Pflege unserer herrlichen Parkanlagen, wurde Stadtrat und Ehrenbürger der Stadt Wittenberg. Im Haus rechts befand sich das Hotel „Zur goldenen Weintraube" (heute Geschäftshaus von I. G. Schneider), gegenüber steht der alte Fachwerkbau, in dem sich eine Gastwirtschaft befand; nach Abriß entstand hier der Neubau der Stadtsparkasse, heute Deutsche Bank. (siehe auch Ansichtskarte nächste Seite)

Die Coswiger Straße gewährt uns einen freien Blick zum Schloßkirchturm. Noch im vorigen Jahrhundert hatte das linke Eckhaus einen schönen Renaissance-Giebel, während es nach einem Umbau diese Kastenform erhielt. Rechts gliedert sich harmonisch der Neubau der Stadtsparkasse, heute Deutsche Bank, in das Marktbild ein.

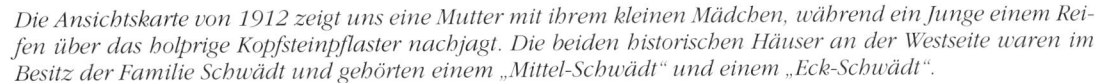

Die Ansichtskarte von 1912 zeigt uns eine Mutter mit ihrem kleinen Mädchen, während ein Junge einem Reifen über das holprige Kopfsteinpflaster nachjagt. Die beiden historischen Häuser an der Westseite waren im Besitz der Familie Schwädt und gehörten einem „Mittel-Schwädt" und einem „Eck-Schwädt".

*Erwartungsvoll stehen die Wittenberger auf dem Bürgersteig links und auf den „Verlobungsplatten" rechts im Bild. Wir wissen nicht, was sie vor 60 Jahren so fesselte. Ein einsames Auto fährt in Richtung Schloßkirche.*

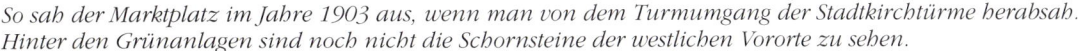

So sah der Marktplatz im Jahre 1903 aus, wenn man von dem Turmumgang der Stadtkirchtürme herabsah. Hinter den Grünanlagen sind noch nicht die Schornsteine der westlichen Vororte zu sehen.

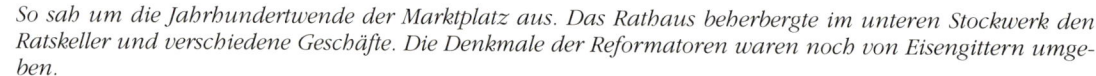

So sah um die Jahrhundertwende der Marktplatz aus. Das Rathaus beherbergte im unteren Stockwerk den Ratskeller und verschiedene Geschäfte. Die Denkmale der Reformatoren waren noch von Eisengittern umgeben.

Wittenberg   Fischmarkt mit Coswiger-Strasse

Unmittelbar an der Rückfront des Rathauses stand ein Wellblechhäuschen, das als Bedürfnisanstalt diente. Es erregte stets die Gemüter der Wittenberger, weil unmittelbar daneben die Fischbassins der Kleinwittenberger Fischer lagen.

Von der Collegienstraße aus blicken wir zum Markt und sehen rechts das „Kaufhaus" von Louis Berschak. Vorher stand hier ein altes Fachwerkhaus der Gebrüder Ackermann, die ein Lebensmittelgeschäft betrieben. Daneben erkennen wir das Ladengeschäft von „Bastians Klärchen", wie sie liebevoll von den Wittenbergern genannt wurde.

Die Schloßstraße im Jahre 1910 wurde von einem Pferdefuhrwerk und einem Radfahrer belebt. Linker Hand sind Gebäude der Knopf'schen Stadtmühle erkennbar. Hier befand sich noch in den zwanziger Jahren, wenn man ein Renaissance-Portal durchschritt, ein Verkaufsraum, wo man pfundweise Mehl erwerben konnte.

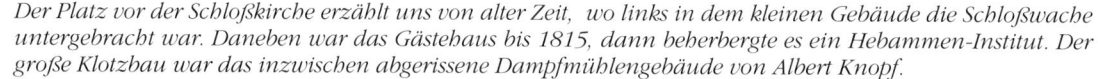

Der Platz vor der Schloßkirche erzählt uns von alter Zeit, wo links in dem kleinen Gebäude die Schloßwache untergebracht war. Daneben war das Gästehaus bis 1815, dann beherbergte es ein Hebammen-Institut. Der große Klotzbau war das inzwischen abgerissene Dampfmühlengebäude von Albert Knopf.

Unser Blick geht von der Dessauer Straße zur Schloßkirche. Links steht das Gebäude der Villa Bickel, inzwischen ist es abgerissen. Wo heute ein reger Verkehr durch ein Ampelsystem geregelt wird, genügte um 1911 der neben der Gaslaterne stehende hölzerne Wegweiser mit seinen drei Armen, die nach Berlin, Halle/Leipzig und Dessau verwiesen.

Diese seltene Ansichtskarte gewährt uns einen Blick in die Juristenstraße. Links erscheint das damals noch nicht mit Schaufenstern versehene ehemalige Militärgebäude, das dann nach dem 1. Weltkrieg die Stadt Wittenberg übernommen hatte. Bis zum rechts liegenden Giebel des Artillerie-Wagenhauses, später von Behörden genutzt, erkennt man alte Wittenberger Geschäfte.

Wittenberg. Pfaffenstrasse mit Schlosskirche.

Im Vordergrund stehen, bereit zum Fotografieren, zwei Mütter mit ihren Kleinkindern in dem hochradigen, mit großen Korbaufsätzen versehenen Kinderwagen. Rechts im Bild neben der Turnhalle stand früher das Gebäude der freiwilligen Feuerwehr mit dem hochragenden Turm, der zum Trocknen der Schläuche diente. Auf der linken Seite stehen ein Pferd, eine Kutsche und ein Rollwagen, sie erinnern an den Spediteur Emil Kärnbach, sein Grundstück ist inzwischen abgerissen. Im Hintergrund ragt die Schloßkirche empor, zu sehen ist davor der Giebel vom Hause des Schmiedemeisters Gustav Hildebrandt.

Wittenberg. Parkanlage am Schlosstor.

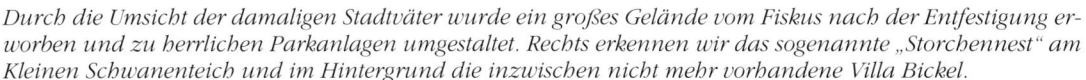

Durch die Umsicht der damaligen Stadtväter wurde ein großes Gelände vom Fiskus nach der Entfestigung erworben und zu herrlichen Parkanlagen umgestaltet. Rechts erkennen wir das sogenannte „Storchennest" am Kleinen Schwanenteich und im Hintergrund die inzwischen nicht mehr vorhandene Villa Bickel.

Wittenberg Bez. Halle, Anlagen, Entfestigungsstein

Immer wieder geben herrliche Durchblicke von den höher liegenden Parkanlagen ein reizvolles Landschaftsbild. Im Vordergrund steht das Entfestigungsdenkmal. Von altem Baumbestand umrahmt, sehen wir den Schloßkirchturm.

Durch die Entfestigung Wittenbergs nach 1873 konnten die Wälle eingeebnet und die Wassergräben zu einem großen Schwanenteich umgestaltet werden. Der spitze Turm gehört zur katholischen Kirche, im Hintergrund erscheinen die Stadtkirchtürme.

Auf dem Stadtwall wurde 1888 durch den Berliner Baumeister Schwechten das stattliche Melanchthon-Gymnasium errichtet. Professor Woldemar Friedrich schuf das große Aula-Bild, das Luthers Auftreten auf dem Reichstag zu Worms 1521 zeigt.

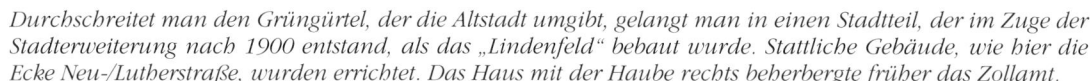

Durchschreitet man den Grüngürtel, der die Altstadt umgibt, gelangt man in einen Stadtteil, der im Zuge der Stadterweiterung nach 1900 entstand, als das „Lindenfeld" bebaut wurde. Stattliche Gebäude, wie hier die Ecke Neu-/Lutherstraße, wurden errichtet. Das Haus mit der Haube rechts beherbergte früher das Zollamt.

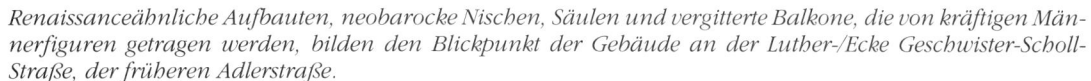

Renaissanceähnliche Aufbauten, neobarocke Nischen, Säulen und vergitterte Balkone, die von kräftigen Männerfiguren getragen werden, bilden den Blickpunkt der Gebäude an der Luther-/Ecke Geschwister-Scholl-Straße, der früheren Adlerstraße.

Wittenberg — Heubner-Straße

Neue Aufbauten und neue Fassadengestaltung finden wir gewissermaßen als Fortsetzung der vorherigen Ansichtskarte. Längs der Lutherstraße mit Eingang zur Heubnerstraße bilden sie ein markantes Ensemble.

Wittenberg, Bez. Halle — Heubnerstraße Ecke Lutherstraße

Die linke Häuserreihe an der Heubnerstraße zeigt uns, daß sich der Jugendstil durchgesetzt hat und daß damit das Durcheinander der vorher genannten Stilarten ein Ende fand.

Repräsentative Wohnbauten, bevorzugt bewohnt von den Offizieren der Garnison, sind noch heute Zeugen der damaligen regen Bautätigkeit. An der linken Seite des Bildes sehen wir eine Baumreihe. Heute steht dort ein großes Schulgebäude, dahinter befand sich das Birkenwäldchen.

Wittenberg. Lutherstraße.

Dieses stattliche Haus mit dem großen Erker, der in einen Turmaufsatz übergeht, steht in der Luther-/Ecke der verlängerten Zimmermannstraße. Im Erdgeschoß befand sich damals die Schreibwarenhandlung des Buchbindermeisters Erich Fischer. Der in die Zimmermannstraße hineinragende Gebäudeteil enthielt die Räume der Landwirtschaftlichen Winterschule, die von den Bauernsöhnen aus Fläming und Aue besucht wurde.

Heute befindet sich in dem Haus links eine Arztpraxis, während es 1905 den Regimentskommandeur der „Zwanziger", Oberst von Bühnau, beherbergte. Zu seinem persönlichen Schutz steht neben dem Schilderhäuschen ein wachhabender Soldat. Auch die „Bel-Etagen" der großen Nachbarhäuser enthielten Wohnungen der Stabsoffiziere.

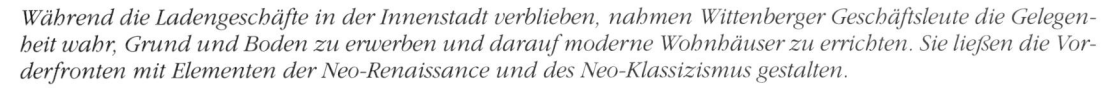

Wittenberg a. d. Elbe. Lutherstraße.

Während die Ladengeschäfte in der Innenstadt verblieben, nahmen Wittenberger Geschäftsleute die Gelegenheit wahr, Grund und Boden zu erwerben und darauf moderne Wohnhäuser zu errichten. Sie ließen die Vorderfronten mit Elementen der Neo-Renaissance und des Neo-Klassizismus gestalten.

Das Eckgebäude an der Luther- und Heubnerstraße zeigt eine eigenartige Giebelgestaltung. Treppenförmig gehen kleine Konsolen nach oben, besetzt mit zierlichen Türmchen, zwei bilden oben den Abschluß. Neben diesem vorspringenden Verbindungsteil erscheinen rechts und links vom ersten Stock an turmähnliche Anbauten mit Pyramidendächern.

Der Bebauungsplan des Lindenfeldes verlangte, daß markante Straßenecken eine besondere Gestaltung bekamen. So finden wir heute noch die im Zeitgeschmack um die Jahrhundertwende typischen Dachaufbauten.

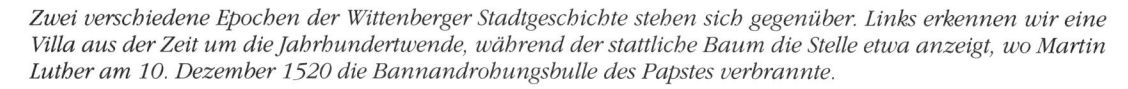

Zwei verschiedene Epochen der Wittenberger Stadtgeschichte stehen sich gegenüber. Links erkennen wir eine Villa aus der Zeit um die Jahrhundertwende, während der stattliche Baum die Stelle etwa anzeigt, wo Martin Luther am 10. Dezember 1520 die Bannandrohungsbulle des Papstes verbrannte.

Am oberen Ende der Heubnerstraße zur Friedrichstraße standen um 1910 drei vom Architekten ähnlich gestaltete Villen. Die rechte Villa gehörte nach ihrer Erbauung dem ersten Rektor der Mittelschule, Dr. Schwarz. Die beiden anderen Villen links sind nicht mehr vorhanden.

Gruss aus Friedrichstadt b. Wittenberg a. d. Elbe
Annendorferstrasse

Von der oberen Friedrichstraße gelangen wir in den Ortsteil Friedrichstadt, der heute das ganze Neubaugebiet umfaßt. Um 1820 entstanden, entwickelte sich hier in diesem alten Teil ein selbständiges Gemeinwesen, das erst durch den Zuzug der vielen neuen Bewohner des Neubaugebietes gelockert wurde. Unser Bild zeigt links das Eckhaus an der Glöcknerstraße, während die rechts im Bilde stehenden Grundstücke an der Annendorfer Straße noch genau so dort stehen, wie sie hier um 1910 gezeigt wurden.

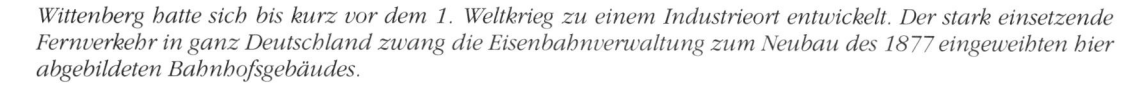

Wittenberg hatte sich bis kurz vor dem 1. Weltkrieg zu einem Industrieort entwickelt. Der stark einsetzende Fernverkehr in ganz Deutschland zwang die Eisenbahnverwaltung zum Neubau des 1877 eingeweihten hier abgebildeten Bahnhofsgebäudes.

Wittenberg (Bez. Halle).
Grosse Friedrichstrasse mit K. Post.

Das Bild von 1908 zeigt den „Klosterhof", ein Hotel, das dem Augusteum gegenüber lag. Hier konnten die Gäste und Besucher der Stadt, die damals fast alle vom Bahnhof her kamen, gastronomische Betreuung und Unterkunft finden. Im Hintergrund sehen wir das 1893 errichtete „kaiserliche" Postamt mit der Turmhaube, die später verändert wurde.

Das alte Restaurant mit Café von Otto Borsdorf – heute am „Berliner Eck" – hatte vor allem während der Garnisonzeit Wittenbergs durch die in der Kavalierkaserne untergebrachten Soldaten starken Zuspruch. Hier steht der Bäckermeister Borsdorf mit seinen mitarbeitenden Familienangehörigen an der Treppe, die auch links zu dem schattigen kleinen Garten führte und in den warmen Sommertagen gut besetzt war.

Gruss aus Wittenberg
(Bez. Halle, S.)
Restaurant
z. grossen Kurfürst
inh.: Gustav Hahne
(treu u. brav).

An der Ecke Kurfürsten-/Berliner Straße befand sich einst das Restaurant „Zum großen Kurfürsten". Im Kriegsjahr 1914 wurde vor dem Eingang die Gruppe Infanteristen der nahen Kavalierkaserne mit ihren Bräuten fotografiert. Sie waren auch die besten Kunden beim Gastwirt Gustav Hahne. Als Wittenberg keine Garnison mehr hatte, ließ auch der Besuch nach und Mitte der zwanziger Jahre wurde die Gaststätte geschlossen.

Auch die Artilleristen erhielten nach der Entfestigung der Stadt eine neue Kaserne auf dem freien Gelände. Heute befindet sich darin die hiesige Polizei.

Die preußischen Militärbehörden sicherten sich nach Wegfall der Rayonbestimmungen einen großen Bauplatz zwecks Errichtung von Kasernen. 1883 wurde hier die Kavalierkaserne gebaut, die bis 1919 den Infanteristen des 20. Regiments als Unterkunft diente, dann in den zwanziger Jahren den kasernierten Schutzpolizisten, wieder Infanteristen und schließlich bis zu ihrem Abzug den sowjetischen Streitkräften. Nunmehr soll es zu einem zentralen Verwaltungsgebäude umfunktioniert werden.

Das Bild zeigt die Vereidigung der Rekruten des 20. Infanterie-Regiments im Jahre 1910 auf dem Exerzierplatz, unmittelbar hinter dem ehemaligen kurfürstlichen Schloß, das ihnen als Kaserne diente.

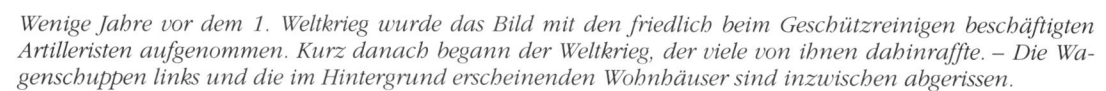

Wenige Jahre vor dem 1. Weltkrieg wurde das Bild mit den friedlich beim Geschützreinigen beschäftigten Artilleristen aufgenommen. Kurz danach begann der Weltkrieg, der viele von ihnen dahinraffte. – Die Wagenschuppen links und die im Hintergrund erscheinenden Wohnhäuser sind inzwischen abgerissen.

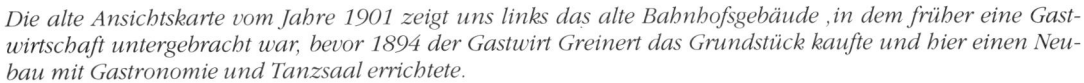

Die alte Ansichtskarte vom Jahre 1901 zeigt uns links das alte Bahnhofsgebäude, in dem früher eine Gastwirtschaft untergebracht war, bevor 1894 der Gastwirt Greinert das Grundstück kaufte und hier einen Neubau mit Gastronomie und Tanzsaal errichtete.

Seit über hundert Jahren besteht das Restaurant an der Ecke Geschw.-Scholl-/Sternstraße und trug früher die Bezeichnung „Lindenhof". Jahrzehntelang war hier Hermann Klos der Besitzer, später auch sein Sohn, dann wechselten oft die Gastwirte und auch der Name der Gaststätte. Wegen der günstigen Lage dem CT-Filmtheater gegenüber heißt das Unternehmen bei neuer Bewirtschaftung dementsprechend auch „Visavis"

So schön sah einst die Vorderfront des Cafés des Konditormeisters Otto Stock aus, später „Café am Markt". Aus kleinen Anfängen eines Ladengeschäfts für Konditorwaren mit einer Kaffeestube entwickelte sich unter seiner Leitung dieses große Café, das später von der Coswiger Straße zum Markt verlegt wurde.

Im Jahre 1893 sicherte sich der Gastwirt Albert Muth ganz in der Nähe des ehemaligen Walles ein größeres Grundstück. Hier errichtete er ein Restaurant und „Concert und Festsäle". Es war damals für alle größeren Veranstaltungen das beste gastronomische Unternehmen in Wittenberg. Zu den Parkanlagen hin lagen die „herrlichen Grotten-Gartenanlagen, Bunt- und Bogenlicht, Wasserfall mit elektrischer Beleuchtung", so heißt es in einer damaligen Anzeige.

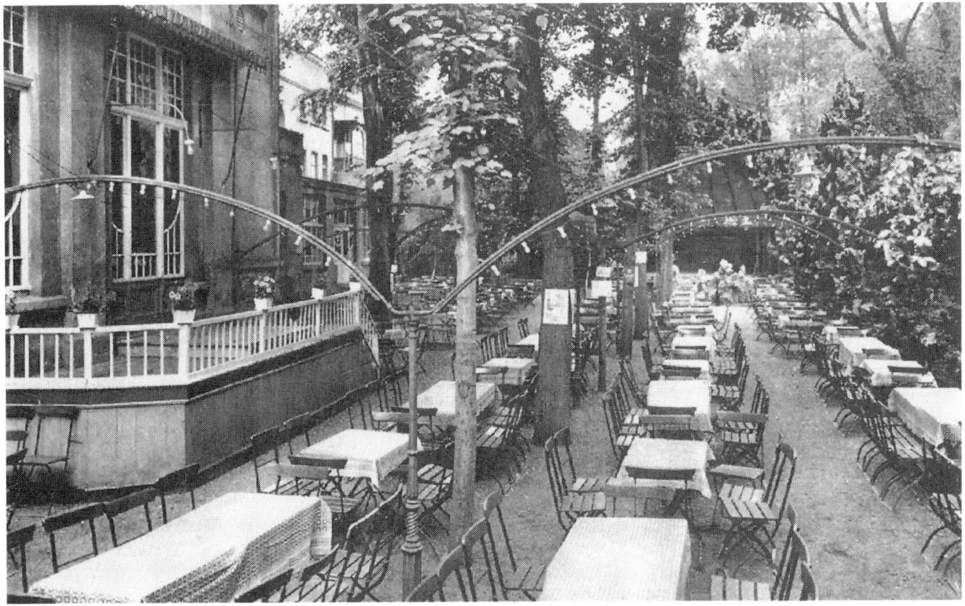

Aus einem kleinen Gastwirtschaftsbetrieb entwickelten sich „Balzers Festsäle" in der Lutherstraße. Es war bis 1945 das repräsentativste Unternehmen auf diesem Gebiet. Einige Zeit später übernahm die Sowjetarmee das gesamte Grundstück und machte das „Haus der Offiziere" daraus. In früheren Jahrzehnten konnten hier an weißgedeckten Tischen im herrlichen Garten unter Musikbegleitung die Speisen eingenommen werden. Falls eine Gewitterbusche störend eingriff, fanden die Gäste sofort im nahen Saal die gleiche Möglichkeit.

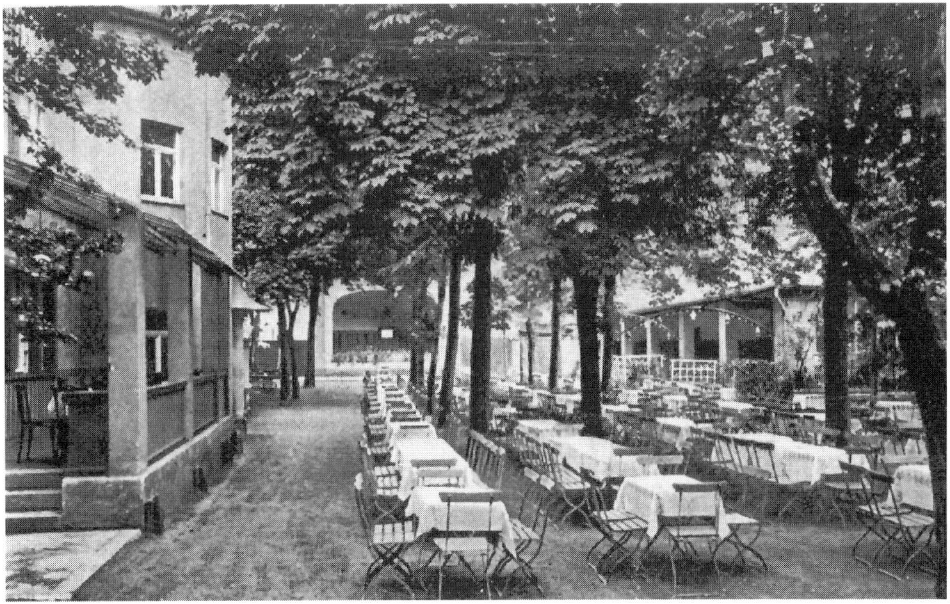

Von der mittleren Galerie blicken wir in den großen Saal von Balzers Festsälen. Es war das größte Gastwirtschaftsunternehmen Wittenbergs. Wir sehen sechs lange Tischreihen, auf denen Servietten und Gläser für die hundert Gäste stehen, die hier gleichzeitig bedient werden konnten. Theatervorführungen – meistens von Berliner Bühnen als Abstecher – fanden auf der im Hintergrund erkennbaren Bühne statt.

Das heute als „Marktschlößchen" bekannte Unternehmen am Markt/Ecke Elbstraße hatte bereits um 1900 einen Vorgänger, das „Café Marktschloß" hieß, doch nach dem 1.Weltkrieg bereits schließen mußte. Mitte der zwanziger Jahre noch einmal zu neuem Leben erwacht, überstand es die allgemeine Wirtschaftskrise nicht und wurde um diese Zeit, als die Ansichtskarte geschrieben wurde, geschlossen. Ein Blick in den Innenraum von damals zeigt uns die schöne Bestuhlung und die Tische im Geschmack ihrer Zeit, aber auch die Säulen mit den Kapitellen und den Stuckarbeiten.

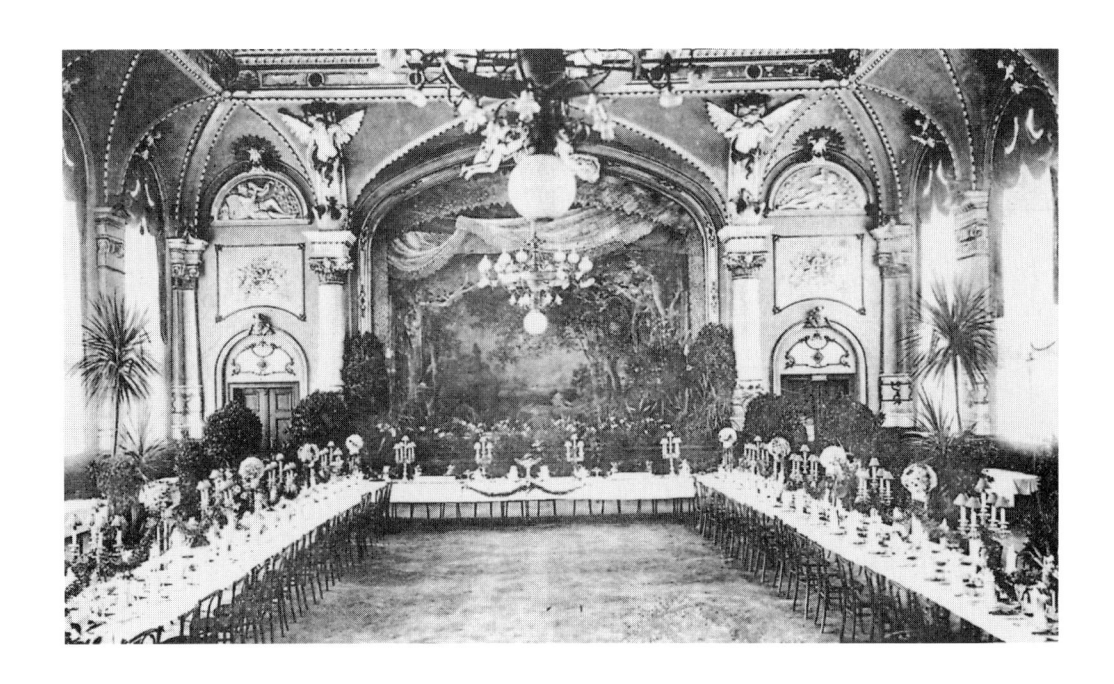

Der große Saal der Gaststätte „Zur Reichspost" (Besitzer Albert Muth) sah die vielen Jubiläumsveranstaltungen, die um die Jahrhundertwende hier durchgeführt wurden. Das dekorative Bühnenbild schaut auf das offene Viereck, das eine reichgedeckte Tafel, bestehend aus zahlreichen Tischen, aufweist. Dem Zeitgeschmack entsprechend, sind Säulen, Nischen, Türen, die Decke und die gekehlten Rundungen über den Säulen mit ornamentalem Schmuck versehen.

Im Jahre 1880 gründete der Konditormeister Peters im „Hamlethaus" (heute Volksbank) am Holzmarkt eine Konditorei, die später Oskar Richter übernahm. 1890 verlegte Richter das Unternehmen in das Haus Mittelstraße 2. Durch bauliche Um- und Erweiterungsbauten wurde es das repräsentativste Café in Wittenberg. 1926 kaufte der Sohn das Nachbargrundstück dazu und die Ansichtskarte zeigt uns einen Blick in diesen neuen Raum, dessen Fenster zum Kirchplatz gehen. Heute nennt sich das Unternehmen „Gafé am Holzmarkt".

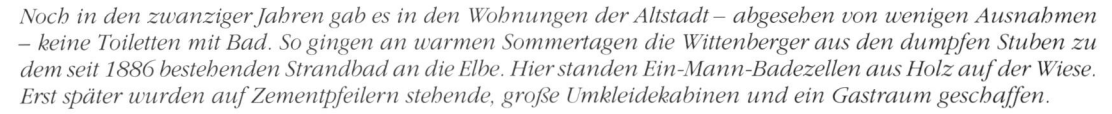

Strandbad Wittenberg
1921

Noch in den zwanziger Jahren gab es in den Wohnungen der Altstadt – abgesehen von wenigen Ausnahmen – keine Toiletten mit Bad. So gingen an warmen Sommertagen die Wittenberger aus den dumpfen Stuben zu dem seit 1886 bestehenden Strandbad an die Elbe. Hier standen Ein-Mann-Badezellen aus Holz auf der Wiese. Erst später wurden auf Zementpfeilern stehende, große Umkleidekabinen und ein Gastraum geschaffen.